Anja Kümmel

Piece of Cake

SUKULTUR
2020

Schöner Lesen wurde 1996 gegründet. Seit der Nummer 148 wird die Reihe von Sofie Lichtenstein und Moritz Müller-Schwefe herausgegeben.

Schöner Lesen Nummer 182
ein SUKULTUR-Produkt

1. Auflage März 2020
Alle Rechte vorbehalten

Text: Anja Kümmel
Cover: Johanna Henn

Druck: DDZ-Berlin

SUKULTUR, Wachsmuthstr. 9, 13467 Berlin
post@sukultur.de · www.sukultur.de
@sukultur   sukultur

ISBN 978-3-95566-119-9

ClimatePartner
klimaneutral gedruckt

I wanna be the girl with the most cake.
(Hole)

Ein kurzes Aufflackern in den Augen; eine Berührung, die etwas zu bedeuten scheint.

Wie damals auf der Dachterrasse eines großen Verlages, mit Blick über die glitzernde Skyline.

Mikrowellen eines fiebrigen Enthusiasmus: *was anderes. Neues. So lange gewartet. Endlich.* Ich war angefixt von diesem Blitzen in mehreren Augenpaaren, seiner Brechung in den Glasfassaden –

Wie jetzt von deinen glattrasierten Armen, deiner leidenschaftlichen Überperformance von Femininität, den ultraweichen ultramarinen Haaren, deinem Parfum, das durch den Hausflur weht.

Dann: geordneter Rückzug. Ich sehe es an deinem Blick, der je nach Licht changiert, der abgleitet an mir. Als hätte mein Körper keine Haken, keine Tritte, an denen er sich festhalten kann.

Die E-Mail kam eine Woche später: *Zusagen können wir erst, wenn der Text lesbarer wird.*

Ich saß da, wochenlang, und versuchte hier und da zu schleifen, zu glätten, ohne zu wissen, was *lesbar* eigentlich heißt (*lesbar* für wen?); versuchte meine Worte durch die Augen von irgendwem, sagen wir mal: des *großen Anderen* zu sehen.

Die Absage kam, Wochen danach, ohne Kommentar.

Jetzt sitze ich wieder hier und frage mich, was *lesbar* bedeutet, für was, für wen, während auf deinem Balkon des Öfteren ein Typ mit Halbglatze und Bart zum Rauchen steht.

Seit der Veröffentlichung von *Testo Junkie* sind zehn, fünf, zwei Jahre vergangen. Die *kontrollierte Vergiftung* hat sich durchs Spanische, Französische, Englische und schließlich auch ins Deutsche gefressen – eine Krankheit und deren Heilung zugleich.

Seit drei Jahren steht die Ausgabe der *Feminist Press* in meinem Bücherschrank. Sie hat den Transfer vom Spanischen ins Französische ins Englische geschafft. Doch erst kürzlich hat der Virus einen neuen Wirt erreicht. Schuld sind ein paar Zines aus Belgien. In einem von ihnen bespricht ein junger trans Mann ein Buch über Testosteron, das – laut seiner Rezi – mit keinem Satz auf die Perspektive von trans Menschen eingeht.

Hast du *Testo Junkie* gelesen? will ich ihn fragen. Und dann fällt mir ein, dass ich es selbst noch immer nicht gelesen habe.

Der Grund, das Buch nun aus dem Schrank zu nehmen, ist also der Anflug eines Crushs auf M., den ich ziemlich am Anfang seiner Transition einmal auf dem Zine Fest in Berlin gesehen habe. Hochgewachsen, schlank, schwarze Röhrenjeans, kurze blonde Haare, dickrandige Brille. Noch kein Bartwuchs.

Mich überrascht dieser Crush, denn generell ziehen mich feminine bis androgyne Menschen an. *Feminin, androgyn* – was immer man sich darunter vorstellen mag.

Was ist es also bei M.?

Das Dandyhafte, sage ich spontan zu einer gemeinsamen Freundin.

Sie nickt und lacht.

Wenn ich M. anschaue, sehe ich frei flottierende Attribute, die sich, wie Bienen oder Schmetterlinge, für kurz oder lang auf seinem Körper niederlassen[1]: Weichheit, Verletzlichkeit, Wärme.

---

[1] Oder, auch das ist möglich, sich von innen heraus an die Oberfläche fressen und dort flüchtige Blasen werfen.

Sie haben hier, an und in M., ihre *typisch weibliche* Konnotation verloren. Vielleicht weil M., bewusst oder unbewusst, die Codes einer Twink-, einer Geek-, einer Sissyboy-Ästhetik so perfekt beherrscht, dass sie seine Geschlechtsidentität keine Sekunde lang in Zweifel ziehen.

Nachdem ich mich auf der Dachterrasse kurz so *wavy* gefühlt und das dann – nicht mal brutal, sondern eher ziemlich formal – gecrusht worden war, hatte ich über eine ironisierende Collage wachsweicher Verlagsabsagen nachgedacht. Als Witz, natürlich, aber eigentlich doch auch, um zu verstehen, was da wieder und wieder geschah. Ich hatte das bereits ganz hübsch zerschnipselt und neu arrangiert:

Wir finden Ihren Text sehr innovativ / mutig /originell / Sie haben großes Talent / passt aber leider nicht in unser Programm / nicht ganz das, was wir suchen / …

Als ich die Schnipsel so betrachtete und versuchte rauszufinden, was da mitschwang, was da *nicht* stand, machten sich unweigerlich Parallelen auf:

Ich finde dich total attraktiv / mag deinen Style / du hast ein schönes Gesicht / bist klug / cool / interessant / Aber …

Nur dass ich diese Art der schwammigen Zurückweisungen selten schriftlich, sondern lediglich als Fragmente in meiner Erinnerung bewahrt habe – oft nicht mal als Worte, sondern als Schulterzucken, Wegdrehen des Kopfes, Senken des Blicks, wie um das erste, flüchtige Aufflackern darin im Nachhinein zu löschen.

Was da mitschwingt, was *nicht* gesagt wird, verstehe ich ebenso wenig, nur dass es sich anfühlt wie sterben, jedes Mal.

Lange beschrieb ich es wie *kalten Entzug*. Das Bündel an Symptomen trifft das ziemlich gut: das Zittern und Schwitzen, die Übelkeit, der Durchfall, die Gliederschmerzen, die Schlaflosigkeit.

Doch erst, als ich Anne Rice' *Chronik der Vampire* noch einmal las, verstand ich, was wirklich mit mir geschah: Ich wurde ausgelöscht, im Nachhinein, jedes Mal ein bisschen mehr.

Am Anfang einer Metamorphose steht der Tod, wenngleich bei Preciado nicht der des eigenen Leibes, sondern der eines guten Freundes.

Es ist nicht nur das Testosteron, das Preciado verändern wird. Es ist ein Zusammenspiel aus Verlust, Begehren, Freude, Scheitern, Verzicht.

Während du und der bärtige Typ zwei Löffel in ein und denselben Eisbecher stecken – ein windzerhacktes Klirren wie drei Auslassungspunkte, die sich im Nichts verlieren – windet mein Körper sich in Krämpfen, zittert, schwitzt, blutet, scheißt … verlangt mit allen Poren, könnte man meinen, nach einer Transformation.

Der erste Schnitt ist der tiefste. Dieses Klischee gilt auch für mich. Einen Monat lang Fieber. Totale Dehydration. Ich war am Ende ein wandelndes Skelett.

Damals galt ich als *Lesbe, die sich in Heten verknallt*. (Dass J. keine hundertprozentige *Hete* ist, wusste eigentlich nur ich.)

Verirrt. Verblendet. Als eine, die immer genau das will, was sie nicht haben kann.

Als Preciado VD zum ersten Mal begegnet, ist diese, zumindest in den Augen der Welt, heterosexuell. Für seine Anziehung ist dieser Fakt irrelevant. Mit 14, berichtet Preciado, habe seine Psychoanalytikerin ihm inständig geraten, seine *Sehnsucht, die Spitze der Pyramide der Weiblichkeit ficken zu wollen, die Alpha-Bitches, die Supernutten*, ein für allemal aufzugeben. 2005, inmitten der Transition mit VD an seiner Seite, in seinem Bett, kann er trotzig, ja triumphierend schreiben: *Sie hält dieses Begehren für exzessiv, weil ich kein bio-Mann bin. Wäre ich es, würde es einfach nur ein Zeichen von ‚Selbstachtung' sein.*

In meinem Tagebuch aus dem Jahr 2000 – der Zeit, als ich zusammen mit J. in L.A. wohnte – entdecke ich eine Bleistiftskizze, die mich als jungen Mann zeigt. Ich sehe aus wie damals auf Fotos. Undercut, die Dreads im Nacken zusammengebunden. Nur ohne Brüste. Mit etwas kantigeren Zügen. Leichtem Bartschatten. Verblüffend, der Effekt.
    Dennoch, das weiß ich noch, war diese Skizze eine reine Fantasie. Keine Option, nicht mal eine Idee, die in greifbarer Nähe lag. Dass C. – die Person, mit der ich zu jener Zeit meine Sorgen und Nöte teilte – sich Jahre später als transmaskulin outen würde, wusste ich damals noch nicht.
    Heute erscheint mir die Zeichnung auf beinahe unheimliche Weise perfekt. Vielleicht gibt es ein Multiversum, in dem eine männliche Version von mir existiert, die dort ein weithin unbeschwertes, wenngleich mir völlig fremdes Leben führt.

Knapp zwanzig Jahre später lebe ich in Berlin. Meine *love interests* bewegen sich auf dem Spektrum queer, lesbisch, bi-, polyoder panxuell, und nicht alle davon sind cis Frauen. Alles ist anders und irgendwie auch wieder nicht.

Auf einer dieser kleinen Holzbänke in Neukölln, die mickrige Bäume im Kopfsteinpflaster umgrenzen, frage ich die Freundin aus Belgien: Sag mal, weißt du, ob M. einen bestimmten Typ hat?
    Sie sagt, sie wüsste es nicht genau. Wir holen uns Limos beim Späti. Etwas später sagt sie: But i think he likes guys.

Zu Besuch bei meiner Mutter lese ich *Darling Days* von iO Tillett Wright.
    Mit sechs Jahren beschließt iO, künftig als Junge zu leben. Acht Jahre lang zieht iO das durch. Und so fängt es an: iO spaziert mit seinem Vater durch den Central Park und sieht ein paar Jungs Ball spielen. iO geht hin und fragt, ob er mitspielen darf. Die Ballspieler gucken das androgyne Kind ein bisschen verwirrt an und fragen: Bist du ein Junge oder ein Mädchen?
    Ein Mädchen, sagt iO. Woraufhin iO weggeschickt wird.

Ich habe von etwa acht bis elf als Junge gelebt. Anhand der Fotoalben im Regal meiner Mutter lässt sich das nachvollziehen. Bowlcut, Baggy Jeans, ausgelatschte Turnschuhe, weite Sweatshirts mit Autos oder Space Ships oder irgendwelchen anderen Jungsmotiven.
    Dann wachsen die Haare wieder, werden mit Haarreifen zurückgesteckt. Was ist passiert? Klar: Die Menstruation hat ein-

gesetzt. Diese feine Linie. Diese merkwürdig körperliche Realität, die auch iO, ein paar Jahre später, einholen wird.

In der Vergangenheit – denk ich an meine Ex-Beziehungen zurück – hatte ich oft das Gefühl, so etwas wie eine geschlechtslose Anziehpuppe zu sein. Wer Maskulinität heiß fand, hob meine tiefe Stimme hervor, den *kantigen Kiefer*, mein *Pokerface*, wer auf Weiblichkeit stand, meine *Fragilität*, die langen Haare, und natürlich: wie schön ich mit Eyeliner, Mascara, Nagellack –
    Mich hat das immer zum Lachen gebracht. Egal wie herum, dachte ich: What the fuck?!

Heute betonen Butches das *Maskuline* an mir, aus Angst, ich könnte ihren Femmes gefallen, und Femmes beschreiben mich ihren Butches gegenüber als *maximal weiblich*, um auch nur den Hauch einer möglichen Anziehung von vorn herein zu dementieren.

What the fuck?!

Im Spiegel versuche ich die Zeichen zu lesen. Mich in Fragmente zu zerlegen. Den *markanten Kiefer*. Die Stupsnase. Den Rest Glitter in den Wimpern. Das Resting Bitch Face, das zum Pokerface wird, und wieder zum Resting Bitch Face, je nachdem, ob ich *weiblich* oder *männlich* denke. Einzeln betrachtet, verliert jede Markierung ihren Sinn.

Ich sehe einen Mann, wenn *Mann* alles heißen kann.
    Ich sehe eine Frau, wenn *Frau* alles heißen kann.

Vor ein paar Jahren konfrontierte mich OKCupid mit einer so beglückenden wie verwirrenden Vielfalt an Geschlechter-Kategorien.

Agender. Genderfluid. Nicht-binär.

Wie viel Unbehagen muss ich empfinden mit meinem Körper oder den Blicken, die auf ihm liegen, um mich mit der Kategorie *Frau* zu des-identifizieren?

Letztendlich gefällt mir am besten die Leere der Kästchen: ihr warmes Ultramarin, das klare, schlichte Weiß, das sie umgibt.

―――

Großen Verlagen kann man nicht in die Karten schauen. Oder begreifen, was im Innern von Menschen vorgeht. Ich kann nur verfolgen, welche Bücher sie (statt meinen) in ihren Programmen führen. Und mir die Leute ansehen, mit denen sich jene, für die ich romantisches Interesse hegte, heute umgeben.

S. ist mit einem cis Mann zusammen.

A. hat eine Butch geheiratet.

K. datet eine Butch und einen trans Mann.

N. rennt einem cis Mann hinterher (der sie allerdings nicht will).

Z. ist Single, hat aber ab und an One Night Stands, ausschließlich mit cis Männern.

M. datet einen trans Mann.

L. datet eine Butch.

R. datet zwei Butches.

―――

Kurz nachdem ich nach Berlin gezogen war, landete ich eher zufällig auf einem Drag Workshop beim LaDIYfest. Ich hatte weder Klamotten dabei, noch mir eine *Drag Persona* überlegt. Vor Ort gab es jede Menge Make-up, falsche Wimpern, High Heels, Paillettenkleider, Glitzer in allen erdenklichen Farben. Aber auch Binder, Packer, Kunsthaarschnipsel und Bartkleber. Ich entschied mich, mit letzterem zu experimentieren. *80s/Gothic/Glamrock*-Travestie war ohnehin mein Default-Party-Look; als Drag King hingegen hatte ich mich noch nie versucht. Also griff ich mir aus dem Kleiderhaufen eine Weste, eine Krawatte, eine überdimensionale, gelb getönte Brille und ein Basecap. Dann bastelte ich mir ein Ziegenbärtchen und half an Wangen- und Kinnpartie mit Schattierungen nach.

Der Spiegel, in dem ich mich betrachtete, war zerkratzt und hatte blinde Flecken. Ich sah im Ergebnis ziemlich porno aus. Dennoch war es leicht, mir vorzustellen, jemand zu sein, der in diesem Moment seinem *wahren Ich* näher kommt. All die Femmes, die mich zuvor keines Blickes gewürdigt hatten – egal, ob cis Frauen, nicht-binäre Demigirls, Fags in Drag –, sahen mich auf einmal mit glänzenden, hungrigen Augen an. Ich schwitzte, als sei die Raumtemperatur jäh angestiegen. Einige wollten Selfies mit mir machen. Ich wurde herumgewirbelt, von Arm zu Arm gereicht. Mir war wie im Rausch ein wenig schwindlig. Als stünde ich auf einer Bühne. Irgendwann löste sich der Bartkleber – so meine Erinnerung – in der Hitze der Scheinwerfer auf.

Es gibt Femmes in Berlin, Femmephobia hin oder her. Man erkennt sie, erklärt man mir, an bestimmten Codes, die nicht allzu schwer zu lesen sind: Tätowiert, stark geschminkt, Polka-

Dot-Kleider im Rockabilly-Style. Pin-up-Figuren. Sogar dick darf eine Femme sein. Und slutty. Soll sie sogar! Im Zeichen der *Lesbarkeit*, muss sie sich mindestens zwei bis drei Attribute aneignen, die im Mainstream für Frauen No-Gos sind.

Vor allem aber erkennt man sie an der Butch oder dem trans Mann an ihrer Seite.

Und wenn der nun ein ziemliches gutes Passing hat?

Tja ...

Gibt es auch Femmes, die auf androgyne oder feminine Menschen stehen?

Kopfschütteln. Was die Femme begehrt, ist *Differenz*. Und überhaupt: Die Überperformance eines Gender-Ausdrucks benötigt nun mal einen Gegenpol.

Erst im Laufe der Monate, Jahre fällt mir auf, dass das wortwörtlich nur *die halbe Wahrheit* ist. Wie viele Butches mit Butches liiert sind, wie viele schwule trans Männer es gibt. Wo, bitte, ist da die *Differenz*?

Es ist im Grunde nicht schwer zu verstehen. Du hast zwei Möglichkeiten, willst du in dieser Szene bestehen: Entweder du fetischisierst Männlichkeit. Oder du fetischisierst Männlichkeit. Wer jetzt denkt, das sei ein und dasselbe, liegt sowohl richtig, als auch falsch. Denn es gibt eine Wahlmöglichkeit. Du kannst dich der Männlichkeit von zwei Seiten her annähern: Von der der Identifikation oder der des Begehrens. Beides geht natürlich auch; dann bist du quasi auf der Überholspur der Dating-Autobahn.

Ist doch klar, kommentiert die Freundin spontan, die mir damals *Testo Junkie* geschenkt hat: Jede_r will ein Stück vom Kuchen!

Im Folgenden denke ich darüber nach, warum *ein Stück vom Kuchen abbekommen* auf Englisch *to get a piece of action* heißt, *eating cake* jedoch aufs Lecken von Muschis verweist. Minimale Verschiebungen von *Zunge* zu *Zunge*, Hirn zu Hirn.

Ich erkenne C. sofort trotz Anzug, Krawatte, Halbglatze und Stiernacken: die blauen, beinahe wimpernlosen Augen, die leicht schrumpelige, permanent gerötete Haut sehr hellhäutiger Menschen. Er arbeitet in einer Forschungsgruppe an der UC Berkeley. Zum letzten Mal habe ich ihn vor neun Jahren gesehen, kurz vor seiner Transition.

Die letzten Emails, die ich mit C. ausgetauscht habe, stammen von 2013. *Transitioning wasn't hard at all,* schreibt er darin. *Everything feels much more comfortable now.* Und ein paar Wochen später: *I find myself rejecting a lot of straight women who seem to find me interesting, which is fun and different. I never realized that straight women were so assertive and flirty!*

The most beautiful, the most heterosexual, the ones waiting for Prince Charming full of natural testosterone. In seiner Jugend wird Preciado inständig gewarnt vor seinem *megalomanen* Begehren. Bereits 2005 beginnen die Grenzen zwischen *natürlich* und *unnatürlich* zu verwischen. Es ist nicht mehr allzu schwer, an Testogel zu kommen, vorbei an medizinischen, psychotherapeutischen, juristischen Institutionen, vorbei am vorgesehenen Geschlechtsangleichungs-Protokoll.

2019 ist es beinahe *ein Kinderspiel*. Eine unmerkliche, unsichtbare Ansteckung von Mund zu Mund, Ohr zu Ohr, Haut zu Haut, Papier zu Stift, Epidermis zu Display.

Unkontrollierbar *der Schmuggel des Ausatmens, der Import und Export von Dämpfen* –

der leichte Schwindel, die glühende Aura einer Wärmebildkamera. Fühlt es sich so an, wenn der Schuss ins Blut strömt? Verlockend, die eigentümliche Luzidität, die Preciado beschreibt, den Boost an ungeahnter Energie, die nächtlichen Spaziergänge ohne Ziel. Nach nur wenigen Monaten Stimmbruch. Fettumverteilung. Eisenmangel adé. Das eigene Sterben aufzuhalten – auch wenn, statistisch gesehen, auf T die Lebenserwartung um ein paar Jahre sinkt.

In einer nahen Zukunft hilft das psychedelische Serum zwittriger Weinbergschnecken, die Ungerechtigkeiten der Natur zu überwinden. Eröffnen Körper-Apps mit wenigen Klicks neue Möglichkeiten. So oder ähnlich in Doireann O'Malleys Film-Installation *Prototypes*.

Großzügige Glasfronten – jenseits üppiges Grün, diesseits glänzende Prospekte, die die Erweckung des *wahren, inneren Potenzials* versprechen –, aus dem Off das leise Klirren von Porzellan (wie von deinem Balkon, an einem Sommermorgen), während die Augen lautloser Drohnen liebevoll über Schuhe, Waden, Knie gleiten, berührungslos über Schultern, Nacken, Haare streichen.

Das Samsung-Tastenhandy in meiner Hosentasche vibriert. *Wer kommt, den eigenen Tod zu rächen, ist ein böser Geist.* Von links streift mich, oder das Relikt in meiner Hand, ein Lächeln.

Schon heute schließt mich meine Weigerung, Erweiterungen vorzunehmen, die im Bereich des Machbaren liegen, von vielen Formen der Gemeinschaft aus. Was hält mich davon ab, *meiner low-tech Identität eine molekulare Prothese hinzuzufügen*, mich auf dem Spielfeld somatischer Fiktionen zu optimieren?

Es geht nicht darum, begehrenswerter zu sein, sagt D., es geht um *Lesbarkeit*. Und geht zum Buffet. Ein kategorisches Statement, das nicht recht zur Vielschichtigkeit von *Prototypes* zu passen scheint. Zur Vision von Geschlecht als Raum, der nur durch das sichtbar wird, was er nicht ist: Wände, Boden und Decke. Das weiße Viereck um ein leeres Feld.

Prototypes ist nicht der einzige Beitrag auf dem Cyfem & Queer Symposium, der sich auf Preciado bezieht. Im Anschluss an die Performance *Döner-Blackout or Press Conference: Testo Soap* spreche ich kurz mit Göksu Kunak a.k.a Gucci Chunk.

Ze erzählt, vor einer Weile hätte ze überlegt, T zu nehmen, und sich dann dagegen entschieden, weil ze oft zire Familie in der Türkei besucht und das auf T wahrscheinlich nicht mehr möglich wäre.

Was für eine Ironie, bemerke ich, dass ich mich als queerer Mensch in Berlin mehr und mehr unter Druck fühle, T zu nehmen, während G. in der Türkei so viel Druck fühlt, *kein* T zu nehmen …

G. lacht ein bisschen nervös und sagt: Well I think everybody should do what they want.

Vor knapp einem Jahr saß ich bei einem queeren Picknick auf dem Tempelhofer Feld. Es war zufällig der Tag, an dem die Weltgesundheitsbehörde Transsexualität aus ihrer Liste psychischer Krankheiten gestrichen hatte.

Gender Dysphorie gilt aber nach wie vor als Krankheit, erklärte B., eine trans Frau aus Arizona. Sonst würde meine Hormontherapie ja nicht gezahlt. Ohne Krankheit keine Heilung.

Um das Wort *Heilung* setzte sie ironische Anführungszeichen. Ich hatte B. schon zwei, drei Mal gesehen. Sie war sehr offen, flirty, gewürzt mit einer Prise Sarkasmus. Ihr Geld verdiente sie auf *Chaturbate*.

Brüste zahlt die TK, fährt sie fort. Außer du willst mehr als A-Cups. Mein Verdienst stieg von einem Tag auf den anderen sprunghaft an.

Preciados *potentia gaudendi*: die orgasmische Kraft jedes Moleküls, in Arbeit übersetzt, Körper und ihre virtuellen Doppelungen als ausbaufähiges Kapital.

Ich würde dir die Narben zeigen ... B. zog ihr T-Shirt aus dem Hosenbund, schaute sich um, grinste ein bisschen *dirty*. Aber vielleicht nicht gerade hier.

Mit meinen Brüsten hab ich mir die Lippen verdient.

Unauffällig suchte ich ihren Mundbereich nach Narben ab, fand aber nichts.

Aktuell mache ich ungefähr 100 Dollar am Tag.

Mit dem Zeigefinger tippte sie auf verschiedene Partien ihres Gesichts. Lippen: 750. Stirn: 6000. Wangen: 4000. Nase: 7000. So 25000 insgesamt. Das zahlt dir niemand. Genital-OP, ja. Epilation, wenn du Glück hast, auch. Das Gesicht nicht. Aber ganz ehrlich: Wenn ich mir das Gesicht machen lasse, verdiene ich doppelt so viel wie jetzt. Mit ner Muschi mach ich mir das Geschäft kaputt.

Sie nahm meine Hand, die ich ihr willenlos überließ, und legte sie an ihre weiche Wange.

Als ich noch einen Bart hatte, war ich psychisch krank. Leicht wie ein Vogeljunges rieb sie ihr Gesicht an meiner Handinnenfläche. Jetzt bin ich geheilt.

We don't play with girls. Das ist die Basis für iOs Entscheidung, als Junge zu leben. Kein Wort davon, nackt vor dem Spiegel zu stehen, Hass oder Abscheu zu empfinden vor dem eigenen Körper oder den Genitalien. Dennoch ist die Konsequenz, die iO zieht, die einzig logische: mitmachen dürfen. Dazugehören. Welches Kind will das nicht?

Es gibt kein Substantiv zu *liebenswert*; zumindest kenne ich keins.

Was, wenn VD, als sie Preciado begegnet, nicht gerade beschlossen hätte, lesbisch zu werden. Was, wenn Preciado aus Liebe, aus schierem Begehren begonnen hätte, *besoffen zu sein von Männlichkeit?* Hätte er es nach der Ausnüchterung bereut, *wie das herrschende Geschlecht auszusehen?*

Schau ich in den Spiegel, schieben sich *Lesbarkeit* und *Liebbarkeit* ineinander wie halbtransparente Folien. Alles, was ich je mit augenzwinkernden Smileys auf irgendwelchen Dating-Profilen schrieb: *90% lesbian top, 10% fag with fangs / dandy-queerdo-sometimes-drag-queen / gay guy trapped in a dyke's body / femme in the streets, butch in the sheets* –
  Was ist das für eine *Wahrheit* über mich?

Es gibt Menschen, deren sexuelle Identität sich nicht mit ihrer geschlechtlichen Identität deckt, so ist es nicht. Sie geben sich Namen wie *Girlfags* oder *Guydykes* und organisieren in Berlin sogar einen Stammtisch. Ich ging da ein paar Mal hin. Obwohl ich ja, wenn überhaupt, eher eine *heterosexuelle Lesbe* bin.

Vereinfacht gesagt, sagte ich, steh ich auf Menschen, die auf Männer stehen. (Ich dachte dabei an dich, aber auch an M.) Bin ich das, oder ist das ein strukturelles Problem?

Re: Manuskript
Ich hoffe, dass Sie unsere Absage nicht persönlich nehmen und wünsche Ihnen weiterhin viel Erfolg.

Ach, könnte man beim Sex die Klamotten anlassen wie beim Ballspielen!

Paul, will ich fragen, wann hörte das Experiment auf, Experiment zu sein? Warst du schon immer Paul? Oder ab welchem Moment fingst du an, es zu sein?

Ich denke an G.s Reisen in die Türkei, an Passkontrollen und Sicherheitschecks. Notwendige Zugeständnisse an das Zwei-Geschlechter-System. Aber auch, wie schwer Sucht und Willen miteinander vereinbar sind.

Finge ich an, T zu nehmen, würde ich kein Make-up mehr verwenden, nie mehr Röcke tragen wollen? Würde ich früher oder später mein Haar abschneiden? Was würde die durchsichtige, gelatinöse Substanz machen mit meinen Vorstellungen von mir?

Was mich an M. anzog, denk ich im Nachhinein, war jenes Flirren rund um den *point of no return*. Das allererste, flüchtige Erhitzen geheimer Tinte. Wenn du zu ahnen beginnst, dass da etwas zwischen den Zeilen steht. Hieroglyphen, von jahrtausendealtem Staub bedeckt; ein unvollständig frei gekratzter Code.

Gleich neben den Geranien auf der Brüstung deines Balkons liegt der *Haarige Arm*.

Viel mehr als diesen Arm hat auch Preciado nicht gesehen, der ins Bild ragt und die bildhübsche 16-Jährige dirigiert, sich vor der Kamera auszuziehen. Wie kann das sein, fragt er sich, als er den *Haarigen Arm* im Ganzen sieht, *er ist kaum 1,60 groß, hat eine Glatze, Bart und eine nasale, schmierige Stimme.*

Du könntest Frauen genauso lieben wie Männer, hast du gesagt. Aber der Mangel in deinem Leben, nun ja. Die abwesenden Väter. Bla bla. Das muss man irgendwie beheben: die Aufmerksamkeit / *der Penis / das Kind / die Rolle / das Stück vom Kuchen*

vielleicht auch einfach nur der Schweiß beim Sex, der T von Haut zu Haut überträgt, die Macht durch Poren und Schnittstellen diffundiert.

Es ist nicht immer der Abhängige, der die Substanz injiziert.

Tatsächlich ist in der deutschen Version von *Testo Junkie* ein eleganter Glitch passiert: *Vollgepumpt mit natürlichem Testosteron* sind nun nicht mehr die Märchenprinzen, sondern per heimlicher Osmose *alle Mädchen, auch die schönsten, die heterosexuellsten.*

Kaum 1,60, Glatze, Bart, nasale, schmierige Stimme. Wen, frage ich mich, beschreibt Preciado hier?

Trans zu sein, hören wir im Voiceover einen der *post gendered prototypes* sinnieren, während er in Zeitlupe durch retrofuturistische Nachkriegsbauten, durch Architekturen radikaler Amnesie spaziert, sei ein Weg, den *Strukturen der Kontrolle* hinterrücks den Stinkefinger zu zeigen.

Ein *technosomatischer Kommunismus*, in dem *Männlichkeit* nicht länger ein Ausdruck, ein Spiel unter vielen ist, sondern sich in ihrer faszinierenden Machbarkeit auf molekularer Ebene diffus wie Ströme des Kapitals als einzig begehrenswert, als einzig logische Identität etabliert.

Das Subversive daran? Dass jede_r jetzt ein *Stück vom Kuchen* haben kann.

Jemand anderen glauben machen, dass er die Macht hat, die erste Lektion in jedem guten Drag Workshop, heißt auch: *dass er sie nur deshalb hat, weil du sie ihm zugestanden hast.*

Ich will kein Stück vom Kuchen! Ich will ein anderes Rezept!

ANJA KÜMMEL
wurde 1978 in Karlsruhe geboren und lebt in Berlin. Sie studierte Gender Studies und Spanisch in Los Angeles, Madrid und Hamburg. Zuletzt veröffentlichte sie die Romane „Träume Digitaler Schläfer" (2012) und „V oder die Vierte Wand" (2016). Sie erhielt u.a. ein Aufenthaltsstipendien im Alfred-Döblin-Haus, im Künstlerhaus Lukas und im Kommandantenhaus Dilsberg, ein Literaturstipendium der Kunststiftung Baden-Württemberg sowie den GEDOK-Literaturförderpreis 2010.

JOHANNA HENN
lebt und arbeitet in Berlin. Sie ist Illustratorin, Tätowiererin und Modedesignerin und beschäftigt sich in ihren Arbeiten mit dem menschlichen Körper und dessen Umgebung.
» www.johannahenn.de

RIESEN LYRIK PAKET
ÜBER 500 SEITEN. PORTOFREI. 23 EURO
sukultur.de/lyrik

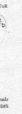

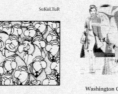

SUPERDUPER
SOFIE
PAKET
21 EUR
Portofrei

SONNENBRAND
Reihe für Autofiktionen
Herausgegeben von Marc Degens
Band 2

Ich wollte niemals Mensch sein.

Figur reicht völlig.

Sarah Berger
bitte öffnet den Vorhang
@milch_honig 2019–2009

SONNENBRAND
SUKULTUR

SONNENBRAND 02
**Sarah Berger
bitte öffnet den Vorhang
@milch_honig 2019-2009**

Hardcover. 128 Seiten. EUR 20,-
Mit 11 Fotos der Autorin und
einem Nachwort von Berit Glanz
ISBN 978-3-95566-115-1
Erscheinungsdatum: 9. März 2020

SUKULTUR
www.sukultur.de